JN439378

들고 있던 항아리

신혜경 시집

도서출판 경남

경남시인선 134

들고 있던 항아리
신혜경 시집

펴낸날 | 2010년 10월 5일

지은이 | 신 혜 경
펴낸이 | 오 하 룡
펴낸곳 | 도서출판 경남

주　소 | 631-430 창원시 마산합포구 서성동 66-18
연락처 | (055)245-8818~8819/223-4343(f)
홈페이지 | www.gnbook.com
블로그 | gnbook.tistory.com
이메일 | gnbook@empal.com
등　록 | 제2호(1985. 5. 6.)
편집팀 | 오태민 | 심경애 | 구도희

ISBN 978-89-7675-642-8-03810

〔값 7,000원〕

제2시집을 내며

지구에 발을 디디고 살면서도 간혹
나의 발이 정말 지면에 닿아 있는지 확인을 하곤 한다.
자판으로도 새길 수 없는 것은
공기의 무게로 만들어 바람으로 날려 보내고
지층에서 수백 미터 아래의 지하수들은
미세한 나무의 잔뿌리로 퍼올려 보려 한다
사람이 사랑할 수 있는 무한과
그리워 할 수 있는 심장의 일부를 가졌음에 감사하며
시로써 설 수 있게 해준 모든 분들께
은혜를 소망한다.

Ⅲ 사랑별곡

Ⅳ 나무의 뿌리

Ⅴ 미완성의 순간들

제1부 항아리

바다의 말

밀려드는 것이 파도뿐이랴

언제쯤 넉넉한 저 대양으로 세상에 발 디딜 수 있겠는가

언제쯤 저 거대하게 밀려드는 파도로 세상과 대적할 수 있겠는가

갈수록 하늘은 높고 바다의 깊이는 헤아릴 수가 없다

바다 속 헤엄쳐 다니는 수중 물고기들의 지느러미나

천수를 흔들며 기다림을 배우는 말미잘의 열렬함이나

아님 어느 바다 한 귀퉁이 찬란한 진주의 미소쯤이라도

깊이와 비례하는 시선의 접점接點에서 만날 수 있기를 기대하며

바다의 신음 소리를 듣고 있다

밀려드는 소리야 그렇다지만 부서지는 저 물기둥들이

자꾸만 자꾸만 허망해지기 시작한다

딛고 선 모래들이 파도에 허물어져 내리며 발가락이 숨바꼭질을 시작한다

아무리 생각해도 허물어져 내리는 모래처럼 가슴 한 자락이 내려앉는 것만 같아

걷기 시작한다 모래에 빠져드는 깊이를 느끼며 걷고 또 걷는다

바다의 반원을 걸어서 다시 돌아올 때쯤
바다는 태양을 가슴으로 안고 있는 것이 아닌가
긴긴 기다림의 시간을 넘어서 해후의 기쁨이 수평선 저 멀리에서
잔잔한 전율로 붉은 물결로 은빛 물결로 다가오고 있는 것이 아닌가
바다는 깊이 간직한 커다란 진주 한 알 토해내고
갈매기 힘찬 날갯짓으로 태양을 향해 활시위 연신 당기고 있는 것이 아닌가

또다시 바다는 커다란 물기둥 굳게 세우고
태양은 붉은 노을로 커다란 불새 되어 날개를 펴고 있다
헤라클레스의 피를 타고난 불새
어둠을 안고 장렬한 죽음을 맞이해야 할 운명을 훈장으로 달고
바다를 향해 피를 토하고 있다
천년 동안 간직한 우주의 비밀을 한 알 진주로 토하고 있다

커다란 물기둥 다시 부서지고 어둠과 함께 바다는 하강의 수심으로 안겨들었다
해안의 반원을 그리며 그렇게

비가 온다

슬프다는 말을 한 적이 있나
속상하다는 말을 한 적이 있나
나이가 이런 말들이 모두 무능으로 종지부를 찍는다

눈물이라도 맘껏 흘릴 수 있을까
마음 아프다고 말을 할 수 있을까
나이가 이런 것들을 모두 세상물정 모르거나 어리숙하다고 종지부를 찍는다

오늘은 비가 온다
슬픔도 속상함도 눈물도 마음 아픔도
하늘이 모두 알아서 해준다며
비가 온다
이런 날에 철없는 아이가 된다

눈물이 많다고 타박받은 것이 얼마인가
나이가 들어도 쉬 바뀌지 않으니
간혹 이렇게 비가 와서
가슴속 응어리 씻어주니
바람에 사오나온 빗발마저도

가슴 한 켠을 비우게 한다

오늘은 하나님의 미소가 이렇게 가는 비로 찾아와
오래된 이야기 모두 속살대다가
나무도 풀잎도 오래오래 빗속에
하나님 세상의 일부로 흔들리다가
나와 함께 손을 잡고 살아온 나이를 피해 도망을 한다

모두 철없는 아이로 만들려나
오늘은 비가 온다
슬픔도 속상함도 눈물도 마음 아픔도
모두 자신의 것이라며
하루 종일 비가 온다

넓두리

— 고기를 구우며

일상적인 얼굴을 맞대고 일상적인 대화를 하며 웃고 마시고 또 한 번쯤 너스레도 떨어보고

그러한 사람들과 함께 숨쉬면서 고기 굽는 연기의 묘한 마술에 취해 떠도는 잡담들을 한 점 서툰 젓가락질한다.

처음 먹어 보는 것 청둥오리 고기 한동안 자연 보호라는 구호 아래 보호대상으로 종종 이름지어지던 무리들 붉게 타오르는 숯불이 얇게 저민 고기들을 익히고 있다

어린 시절 얼음이 얼기 시작할 때면 떼를 지어 날아들어 유유히 강가를 헤엄치며 어린 마음의 꿈과 이상을 담아 어디론가 날아가 버린 새

이제 이곳에 앉아 그 시절의 꿈과 이상들을 곰곰이 되새김질해 본다 시베리아나 몽고 아님 지구 온난화와 같은 자연의 순리에 대한 합리적 이해를 거부하는 과학과 기계의 도시 어디쯤 풀어 놓았을지도 모를 과거의 동경들을 그들의 서식지인 이곳 주남 저수지를 보며 되뇌어본다

어느덧 옆자리에선 술자리가 무르익고 그동안의 노고들이 짙은 농담으로 오가는 술잔으로 웃음들이 떠돌고 있다 언제쯤 이러한 자리가 온전히 편할까 아직 많은 접어둔 종이학들이 유리병 속에서 웅성대고 날지 않으면서 날개만 펼쳐든 채 머물러 있다.

객관들이 밖으로 탈출을 시도하고 끝끝내 지글거리는 고기들에 집착하며 젓가락질을 하고 있다. 청둥오리도 이렇게 음식점 요리로 될 수 있다는 현실을 인정하며 주남저수지의 너그러움에 꼬리 내린 한 마리 짐승으로 고깃살을 씹는다

마치 내 어린 시절이 죽은 시체로 누운 것 같다.

그렇게 불 위에서 구워지는 고기들을 열심히 뒤적이며 여기저기 인간들의 양심들이 건물로 들어서고 습지 보호라는 문구들로 갈대들은 자라고 있음을 보고 있다. 어느덧 이마에는 땀방울이 송글송글 솟아오르고 침묵하는 물푸레나무들의 푸른 잎들이 햇살에 빛나고 있음을 본다. 자연은 언제나 너그럽고 온화하다. 바람 불어 물결 일어나도 그저 저 호수는 잔잔한 미소이거나 그저 초탈한 너털웃음이다. 어머니의 품처럼 탐욕을 불러일으키는 대상이다. 그 자비에 발 담근 나무들 흔들리고 있다.

저 나무들도 그저 잔잔한 호수의 미소에 도취되어 푸른 하늘만 바라보고 있다. 분위기 참 좋다. 청정지역 어디쯤 사진으로 걸어 둔 귀퉁이 그 풍경 또한 참 좋다. 우린 한 학기 동안의 노고와 앙금들을 나누고 있는 것이다. 람사르 총회가 끝난 뒤 그 정신을 담은 건물처럼 본질을 잊을 수는 없는 것이다. 저 넓은 주남 저수지가 심호흡을 하고 있는 것이다.

나뭇잎들의 속삭임

저 공기들의 이동을 보아라

삶의 종착점부터 일러주고
저 공기들의 이동들처럼 산으로 가겠다고
말한 것을 들은 적이 있는가
산골 옹달샘보다 맑은 미소를 띠고
향나무의 향내를 맡으려 한다고
죽음의 열쇠를 사람마다 각기 다른 것으로 쥐어주더니
갈비뼈 사이사이 무엇을 담고 있었길래
먼저 운명론부터 던져준단 말인가
언제나 눈앞에는 삶의 문제들이 펼쳐지고
그곳으로 나를 보내더니
이젠 또 무엇을 주고 싶어 부른단 말인가

바람이 불 때마다 흔들리는 나무가
수없는 날들을 호수 속에서 침잠하더니
오늘은 작은 속삭임들이 되어 오고 있다

간혹 벗들이 보고 싶다고 속삭이는 너의 소리를 듣고 싶다
공기들의 입자들이 모두 우편배달부였으면 좋겠다
나무들이 가지와 가지들이 서로 맞닿으며
그 잎들이 모두 햇살에 반짝이는 그런 모습을 보고 싶다
너무 멀리 와 버린 물리적 거리가 어느덧 뒤를 보이고
어느덧 너는 나의 옆에서 한 그루 나무를 심었다

너에게 받은 욕망

어린 시절 나의 기도 속에
욕망은 없었나 보다
그건 그렇고 내 가슴이 속이 들여다보이는 호수였나보다
호수에는 물고기들이 노닐고
물풀들이 자라 때론 물 위에 몸뚱아리 내어놓고 있건만
그렇다면 가슴이 호수는 아니지

모쪼록 그 호수를 들여다본 건 친구거나 선생님이다
물고기 몇 마리쯤 잡은 사람도 있을 것이고
그저 이방인이기를 소망하는 이도 있을 것이다.
바람에 흔들리는 호수를 바라본 이도 있을 것이다

너무도 잔잔한 호수를 바라보며
너에겐 욕망도 없냐며 나무라면
그저 웃기만 했건만
항상 그들은 나의 작은 손에 무언가를 쥐어준다

때론 함께함으로 완전한 우정이다가
때론 길바닥에 앉아 학교도 오지 못하고
시장에 앉아 있어야 하는 친구의 가난이다가

때론 가슴앓이이다가
때론 사회적인 시대적 문제이다가
때론 성경책이다가
때론 욕정이다가
때론 배려이다가

이런 관계 속에선 언제나 내가 주체가 되는 것이 거북하다
너는 나에게 줌으로 행복을 느낀다
고요함을 깨뜨리고 욕망을 심어준다
삶의 화두처럼 한동안 고심 속을 헤매이고
그 답은 언제나 미완성이다

이런 관계 속의 너는 모두 친구이다
문제를 던졌다가 답을 던졌다가
어쨌거나 나에게 준 모든 것은 쉽게 말해 욕망의 그물이다.

늙은 어부의 가슴에서는 파도 소리가 들린다

어부는 바다에서 달빛을 건져 올린다
첫째 애야 이미 결혼을 했다지만 아직 늦둥이의 학비가
작은 배의 언저리엔 별빛이 부서지고
어부의 그을린 팔뚝엔 힘이 들어가기 시작한다
못 배운 서러움이야 이루 말로 할 수 있으라마는
막내가 아비의 서러움을 풀어 주려나 보다
어부의 삶은 타고 있는 배의 크기와 같다
갈수록 낡아가는 이물에 파도가 뱃전까지 치고 올라도
오늘 정도만 되기를 어부는 그물을 끌어당기며 혼자 되뇌인다
인생이 대단할 것도 없고 그저 몇 마리 가족들 밥상에 오르고
자식 교육비에 날마다 속태우는 것도 이번이 마지막이다
굳은살 박힌 두 손에 평생 바다를 쥐고 있어서일까
어부의 두 손에서는 바다 소리가 들린다
어부의 가슴에서는 파도가 밀려온다

2009년 4월 1일

아주 오랜 잠의 터널을 빠져나오며 한 올 눈부신 태양을 바라본다 침묵의 시간은 삶의 무게가 되고 어느덧 내 생의 길목엔 가로등이 필요해졌다 외투의 잠그지 않은 단추들이 질서를 잃은 것처럼 바람에 흔들리고 펼쳐진 길들이 눈앞으로 다가서며 질문을 해대기 시작했다. 왜 지금까지 쌓아 온 것들을 모두 무너버릴려느냐고. 바다가 웃어대기 시작했다. 그게 너의 삶이었다고. 앞을 막아서는 한 덩이 바위가 나는 그냥 평범한 화강암이라고 소개를 했고 나는 웃었다. 늘 보던 태양의 손길들을 보며 나의 시선은 나는 새들을 바라보았다.

확실히 내 생에 회의가 온 것이다 마음의 그릇이 너무 협소함에서 오는 것이다 그 그릇에 이 세계의 침묵을 어찌 깨달아 담을 것인가 아니다 무엇을 담아야 할지 그것을 잊은 것이다. 태양이 눈부셔도 아직도 확실히 잠의 터널을 벗어던지지 못한 것이다.

겨울나무들

하얀 함박눈을 쓰고 앉은 키 작은 할매가
치마를 말아 잡고 오줌을 누고 있다
치매에 부끄럼 잊은 자연을 닮아가는 아흔의 나이
함박눈에 백발 된 겨울나무들
때 아닌 그림자를 이루었네

통영 바다를 걸으면

바닷가를 혼자 걸어 본다는 것은
발자국의 깊이만큼 삶의 무게를 인고忍苦하는 것이다
파도는 날마다 몸을 바꾸어도
언제나 그대로의 영원永遠함 속에 있고
솟아오르는 높이만큼 때론 분노도 하는 것을
삶이란 진실 속에서 안주하지만
저렇게 날마다 몸을 뒤척이는 것은
언제나 진실만이 존재하는 것은 아닌 것이다
삶이 나를 속일 때는 이렇게 수평선까지
온종일 바다의 손길에 발목을 맡기고
모래시계를 수없이 뒤집는 무의미의 허공을 가져다
조립식 주택을 지어 본다
때론 날카로운 귀퉁이에 상처 입은 다리를 비비며
인어공주의 마지막 물거품을 헤아려 보기도 한다
걸을수록 통영 바다는 물기둥 진실과 믿음 속에 솟아오르고
바닷바람 가르며 갈매기떼 날아가는데
파도는 온몸을 움직이며 바다의 진실 속에 황금을 낚고 있다

장작에 불을 지피며

누이야 어느새 지는 놀처럼 붉은 뺨에 상기된 볼우물이 불빛에 타오른다 마당 앞 오동은 꽃 피어 열매 열지만 가족들을 위한 누이의 걸음은 종종걸음이다. 타오르는 것이 장작이 아니라 누이의 가슴이라는 것을 아는 사람는 아무도 없다 그저 누이의 정성 어린 밥상에 고개를 맞대고 고단한 하루의 일상을 고봉밥으로 다독이고 있다. 찬바람에 옷깃은 도타운 정을 그리워하고 늦은 가을에 서둘러 떠오른 별들은 장작불을 닮았다. 붉게 이글거리다가 다시 불꽃을 피우는 굵은 나무들의 마지막 작열灼熱. 과년한 누이의 혼사는 가족들의 침묵 속에 해를 넘길 듯한데 타는 것이 정작 장작불이라고 할 수 있으랴. 아버지의 이마엔 주름이 자리잡고 찬바람이 서서히 찾아드는 사립에 누렁이는 컹컹대며 어둠을 맞고 있다. 어둠에 잠겨드는 키 작은 집들이 하나둘 불 밝히는데 그 불마저도 별들을 닮았다. 반짝반짝 두 눈 밝히며 누이는 옷을 깁고 아우는 이야기책을 끼고 아비는 하루가 아직도 그림자처럼 남았는데…… 모두 아직 잠이 도망간 불빛. 몰래몰래 찾아드는 안개가 문창의 한지를 눅눅히 적시는데 그저 오래오래 늦도록 그렇게 한 가족의 하루는 고단함을 건너 새로운 새벽을 준비하고 있다.

친구는 4B를 쓰지 않고 목탄으로 스케치한다

그림을 그리다 보면 4B도 무디다고 칼로 자꾸만 끝을 날카롭게 하는데
친구는 굵은 목탄으로 슬금슬금 그려댄다
인물화로 말하면 잔주름 생략하고 눈웃음의 진면목 찾을 수 없고
콧김 벌럭이는 입체감일랑 그냥 눈치껏 이해하라며
그러면서도 눈코입 다 그려내고
마지막으로 눈썹 하나는 검고 굵게 멋지게 그려 붙였다
저렇게 그려내면 인생도 굵직하고 시원스러워질까
호탕한 웃음만 웃는 그런 인생이 될까
친구의 목탄에 기대를 하며 구구절절 자잘한 속사정은 각설하기로 한다
그놈은 아마 나체들의 반란을 그린다 하여도 오르가슴의 괴성일랑
의성어 두 음절어 정도로 끝내 버릴 것 같아 간혹 안타까웁기도 하지만
속시끄러운 여자들의 복잡한 심리는 그놈 보고 좀 단순화시켜 그려 달라고
목탄 몇 개 선물을 약속한다
하여 또 친구는 4B를 쓰지 않고 목탄으로 스케치할 것이다

제2부 호수로 대화하는 법

호수 · 1

그대 만날 수 없음에
고인 사랑 이 호수에 나린다
새벽 자욱한 안개로
선녀의 하이얀 옷깃
언제고 오신다면
가고 없는 이 자리 오신다면
저 옷깃 살포시 덮고
못내 떠나지 못한 이내 가슴에
기대어 주무시옵소서

호수 · 2

달빛은 어미 품을 떠나
혼자만의 외출로 가슴이 설레인다
은비늘 찰랑대는 물결마다
새로운 세상에 대한 기대인데
갑자기 가슴 한 켠에
힘찬 잉어의 도약이 투명한 유리를 깨고 오른다
세상을 향한 진실의 몸부림인 양
세상을 향한 첫출발인 양
달빛과 잉어의 해후
그로 하여 호수는 더욱 깊어지고

호수 · 3

인내만이 존재하는 세계
애초에 분노란 배우지 못한 공간
풀지 못한 댕기머리는
호숫가의 노란 창포꽃으로 피어오르고
이루지 못한 사랑은 끝내 닿지 않는 버들의 손길로

비바람은 역사의 격동처럼 부산을 떨어도
사회는 수많은 심호흡으로 요동을 하여도
두 눈 감고 초연을 배운 지 수천 년
그 역사만큼 머리에 이고 있는 저 허공

몇 년을 인고로 빚었는지
한 귀퉁이엔 연잎이 손바닥을 드러내고
간혹 한두 개 떨어진 별님을 그 손바닥에 올리고는
겹겹이 세파의 두께를 연분홍 고운 빛깔로

계절이 바뀌어도 언제나 비단결 같은 심성
둥근 달님으로 미소 짓누나
잔잔한 물결이여

호수 · 4

간혹 잔잔한 그대 가슴에
작은 돌멩이 던지고 싶어라
살다가 간혹 옆에 앉아 지켜 보고 있는 창포꽃이라도
한 번쯤 돌아볼 수 있지 않느냐고

호수 · 5

바다로 흐를 수 없는
하여 바다의 격랑으로 도달할 수 없는
둥근 선線의 미학 속에 우주를 담은 어불성설語不成說
아무리 두드려 다시 만들어도
역시 바다에는 도달할 수 없는 두발 묶인 진실
알라딘은 램프를 잃고
호수에 묶인 하늘과 구름과 날아가는 새들
간혹 이렇게 침묵하고 기다리면
주인님과 더불어 하나님의 미소까지도 잔잔히 흘러오리라는 믿음이
한쪽 귀퉁이 바위로 자리잡고
바람이 분다지만 바다는 될 수 없는 불가능의 꼭짓점이 호수라고
작은 오리들 엉덩이 흔들며 먹이를 쪼느라 하루를 보내고
그때도 호수는 선線의 미학 속에 우주를 담은 어불성설일 뿐인 것을

호수 · 6

호수는 경계가 분명하고
그 속엔 사자와 호랑이와 늑대의 전설들이 전해지고
잉어와 붕어들의 무리들 속에서
경계 밖의 세계에 대한 동경은 금기시되어도
대대손손 그 전설들은 전해져 오고 있다
계절의 여신이 하프의 선을 잘라 호수에 뿌려놓을 때도
그 경계 속에선 금기된 이야기와 놀이로
저녁놀의 붉음이 튀어 오르고
잉어와 붕어들의 주둥아리는 둥근 원을 그리며
호수의 닮은 꼴을 연신 만들어 내고 있다

호수 · 8

스쳐 지나간 인연들을 글로 적어 본다면

사평역에 벌렁 자빠져 누운 미친 년 몇 명 정도는 그 사설 속에 등장할 것이다

아무리 적어도 끝이 없는 사연들이 천일야화의 세헤라자데의 주둥이가 아니라면 절대 불가능한 일이라고

그 이야기의 일부에는 간혹 처용이 나타나 아름다운 여인만 보면 사랑의 춤을 추며 여인의 미소로 삶의 허공을 채운다는데

도시의 퇴폐적 낭만을 사실화로 그려낸다면

그곳엔 빨간 장미도 야생화의 깔깔댐도 붉은 뱀이 목을 감은 늘어진 수양버들도

정치적 야망들이 토해낸 술주정뱅이의 붉은 코와 술주정들도

빼곡한 보도블록들이 일어서는 현기증도

경제적 질서들이 간혹 부려낸 여유로움이 산들바람 몇 올 마저도 사선을 그려 넣는다지만

호수는 간혹 본래의 순수들을 잃고 탈색의 바람을 타기도 한다는데

호수 · 9

담아놓기만 하는 것이라면 커다란 옹기였으면 한다
침묵으로 일관하는 것이라면 간혹 미소라도 보였으면 한다
이고 있는 것이 허공이라면
텅빈 말풍선에 하나의 점마저도 생략된 탈속이었으면 한다
내미는 손이 너의 것이라면 너와 나의 경계가 하나 됨의 손길이라면
안개처럼 순수의 손길이었으면 한다
시선이 점점 호수의 가운데 지점으로 쏠려 가려는데
그곳엔 활의 시위가 팽팽하게 당겨진 채 나의 가슴을 향하고 있었다
이미 어쩔 수 없는 상황이라면 나의 허虛를 정확히 명중시키는 화살이었으면 한다

호수 · 10

하나님은 커다란 술잔 하나 술을 친 다음
그 위에 사랑이란 단어를 크게 적은 뒤
술잔을 기울인다.

안개마저 살금살금 뒷걸음질치는데
마신 잔엔 붉게 타오르는 심장 하나
덩그러니 남아 있고

저만치 물러났던 키 큰 건물 하나
호수에 발 담근 채 기도하고 있누나

어둠이 찾아드는 배경에
너와 나의 악수가 사랑을 위한 것이라며
우리도 차라리 저 호수에 잔 하나 띄우고
사랑이란 단어 적고 술잔이나 기울여 볼까나

하나님은 어느새 대작을 마친 듯
호수엔 남겨둔 날새 몇 물 위를 헤엄치고
남은 인간 몇 만종晩鐘의 시간을 보내고 있누나

호수 · 11

호수엔 벌써 몇 년째 지나가던 바람이 벗어놓은 옷이 자리잡고 있다는데
물고기들의 입방아에도 오를 대로 오르고
잉어들의 자판 위에서도 회자하던 그런 옷이라고
모르는 사람은 없을 거라는데

호수엔 벌써 염화미소 같은 연꽃이 몇 년째 피고
그 후 더 이상 자음과 모음의 조합으로 이루어진 문장들이 무의미한 공간이 되었다
미래를 내다보는 신통력도 보통내기는 아니라는데

벗어 놓은 옷은 누더기가 되어
간혹 오가는 사람의 연민을 자아내기도 하면서
오가는 사람의 마음의 창을 여는 여인의 가련한 손짓 되어
사랑을 구걸하기도 하는 그런 호수라 하는데

간혹 도시인의 소망을 커다란 반원을 그으며
노래하기도 한다는 그런 호수라는데
잃어버린 사랑과 소망이 있다면 그곳에서 찾아가시는 것은 어떨까요

호수 · 12

호숫가에서는 비우는 것이 아니라 채우는 것이 옳다
잔잔한 물결을 몇 시간만 바라보아도
수천 년 간직한 비화秘話까지 모두 전해질 것 같은데
은빛 비늘 몇 번 뒤척이는 한 마리의 거대한 물고기
이야기의 주인공이라 하기엔 가슴이 너무 넓은 까닭에
커다란 호수가 되었다고 자처하는 허풍
지나가는 나그네가 던져 놓은 희망의 파편들
그들의 남은 꿈은 조화調和로움을 이루는 것
도심 속의 낭만과 미래를 향한 시선이
이미 달나라에 계수나무를 심었다는데
사막처럼 모래들이 마르기 시작하면
사람들은 모두 이구동성異口同聲으로
저 호수의 물결이 필요하다는데

제3부 사랑별곡

가슴에 바이올린을 품고 사는 여자

이른 봄날의 햇살 같은 미소를 지닌 그녀는
창가의 책상에 앉았다가
문을 열면 화안히 미소를 지으며 다정한 인사를 건넨다
하이얀 피부에 간혹 주근깨가
풍자나 익살처럼 한두 개 회색빛으로 박혀 있다
비라도 올라치면 그녀의 두 눈엔 어느샌가
온통 희망도 웃음도 맑은 옹달샘 같던
그 눈가의 웃음마저도 사라져버린 해님이 되었다
비는 그녀의 두 눈에서 먼저 내렸고
온 세상의 근심과 슬픔이 작은 한숨과 함께
여린 숨결로 다가왔다
언제 저렇게 많은 세상살이에 대한 한탄들을 쌓아 왔을까
오고가는 사람들이 남기고 간 많은 사연들이
그녀의 옷깃에 헤어스타일에 마침내는 그녀의 마음에까지
그녀는 비가 오면 나이에 맞지 않은 작은 바이올린을 켠다
그렇게 비애도 슬픔도 애련도 바이올린 음률로 그려내고
빗소리처럼 그렇게 그려내고
또다시 비가 그치면 그녀는 언제 그랬냐는 듯이
맑은 미소로 앉아 있다
그녀의 머리 위엔 가볍고 포근한 작은 구름들이 가뿐하게 떠

가고

미소는 언제나 봄날의 햇살이다

그녀는 봄, 여름, 가을, 겨울 가슴에 바이올린을 품고 산다

언제나 가녀린 현의 울림이 그저 가만히 앉아 있어도 들릴 것 같다

사랑이라 부르는 단어 아래에는

사랑이라 부르는 단어 아래에는 새로운 시작이 있고
사랑이라 부르는 단어 아래에는 희생이 있고
사랑이라 부르는 단어 아래에는 존귀가 있고
사랑이라 부르는 단어 아래에는 배려가 있고
사랑이라 부르는 단어 아래에는 감동이 있고
사랑이라 부르는 단어 아래에는 영원한 복종이 있고
사랑이라 부르는 단어 아래에는 헌신이 있고
사랑이라 부르는 단어 아래에는 진실의 미소가 있고
사랑이라 부르는 단어 아래에는 열정이 있고
사랑이라 부르는 단어 아래에는 희망만이 존재하고

사랑이라 부르는 단어 아래에는 가식이 있을 수 없고
사랑이라 부르는 단어 아래에는 위선이 있을 수 없고
사랑이라 부르는 단어 아래에는 굴욕이 있을 수 없고
사랑이라 부르는 단어 아래에는 절망이 있을 수 없다

사랑은 무한의 힘이며 사랑은 신비의 요술과 같은 신神의 손짓이다

사랑별곡

홀로 불완전함도 사랑으로 하여 오히려 완전해지느니
나로 분명함도 사랑으로 하여 너의 것이 되고
너의 일부가 나에게로 달려와 갈비뼈와 갈비뼈 사이
너로 말미암지 않으면 날마다 균형을 잃은 지렛대처럼 기울어 가나니
사랑은 하나가 아니라 둘로서 완전해짐이라

사랑은 흐르는 물을 모은 호수와 같으니
얼마간의 헤어짐도 사랑의 호수에 떠있는 배로 있는 것이라

지귀설화

사랑해서는 안 될 사람을 사랑하였네라
수천 년이 지나도 건너지 못할 은하가
그대 향한 마음 저 별빛으로 날라다가
사랑하여 진정 보고픈
사랑하여 가슴 저리도록 그리운
그대 손길 닿으면 모두 타버리고
한줌 재로 남을 이 육신의 절실함이여
그대 작은 미소로 온 세상 품어다 줄 신비의 여신이여

사랑해서는 안 될 사람을 사랑하였네라
모든 희망과 모든 고귀와 모든 보람을 가진 전능의 여신이여
그대 가슴에 안겨 단 하루라도 그 향기에 취해 볼 수만 있다면
그 어떤 세레나데도 그 어떤 하소연도 그 어떤 바람도
그대 앞에서는 모두 떠가는 솜털구름 되어 버리나니
타오르는 사랑의 불꽃 한 떼의 나비 되어 그대 향해 날아 오르도다

사랑해서는 안 될 사람을 진정으로 사랑하였네라
어여쁘게 여기신 마음의 깃
하늘과 땅처럼 먼 곳에 있어 그대 미소마저도 황송하오니

사랑으로 사랑으로 이 몸 불살라 그대 향해 가노니
이내 한恨 한 마리 불새로 살아 영원히 죽지 않는 불새로 살아
구중궁궐 지붕 위 어둠을 지키는 불새로 살아
그대 삶 지켜주는 불새로 살아

비천한 이내 몸 사랑해서는 안 될 사람을 사랑하였네라

나비들 꽃잎 사이를 날다

사랑놀이를 해본 사람은 안다
나비들이 왜 꽃잎 사이를 날아다니는지를
나비가 되어 본 사람은 안다
꽃이 식물인 것이 얼마나 감사한 일인가를

잡을 수 없는 세계 최고의 달리기 선수를 볼 때마다
바로 이어 이등으로 달릴 수 없는 무능에
한 번도 서로 마주 보며 대화를 나눌 수 없었던 이유로
그와의 사랑은 성립 불가능이다

무엇을 위해 달리는지 간혹 궁금하지만 그와의 거리는 점점 멀어져만 간다
그의 사랑은 아마도 나의 사랑보다 더 먼 곳에 있나보다

꽃이 되어 본 사람은 안다
다른 곳으로 옮길 수 없는 이유를
뿌리도 잎도 꽃도 모두 언젠가 날아올 나비를 위해
사랑 미소 가슴으로 품고 있어야 함을

사랑놀이를 해 본 사람은 안다
나비들이 왜 꽃잎 사이를 날아다니는지를
나비와 꽃의 조화로 만남이 이루어진다는 것을

튤 립

붉은 나의 입술은 판도라의 상자
열어 보지 말 것
오랜 조상의 유언은 현대에도 유효하고
원죄는 침묵의 붉은 입술로 타오르고
폭넓은 치마폭으로 허리를 감싼다
허리엔 자손 번식의 원시적인 논법을 길어 올리며
봉긋하게 오므린 꽃잎 사이
기울어진 피사의 탑이 역사를 만들고 있다
그때도 붉은 입술은 판도라
진한 그대의 키스도 역사의 비밀을 열지 말 것
커다란 칼날 휘두를 때도
너와의 악수를 청할 때도
단정의 품위 정도는 하늘 아래 사는 도리인 것을
바람의 유혹도 일부가 되는 즈음
너의 붉은 입술은 하늘을 향하고 있었다
주둥이를 내민 채 그렇게 열열했다

바람이 부는 날엔

미치겠다를 입에 달고 사는 여자가 생각난다
간혹 박복한 년이라고 지나가며
흘리던 말들이 바람에 날리기 시작한다
혼자 살기 싫어서 두 사람으로 산다는데
언제나 삶의 굴레들이 불안감에서 풀어 줄까
앉는 의자라면 안전성과 편안함을 고려한 삶이었으면 했는데
날마다 늘어가는 감정의 더께가
누구의 방이랄 것 없이 쌓여가는 날들 속에
삶의 공간들이 불특정한 장소에서
질서를 잃어가는 바람이 부는 날이다.
미치겠다를 입에 달고 사는 여자가 따로 있으랴
바람 속에서 너와 나의 공간의 개념들이 무너지고 있는 것이다

한 보따리 싸안고 집을 나서는 행랑 사람들은
은행나무의 깊은 뿌리에 대한 믿음을 더 이상 가질 수 없는 것이다
날마다 날마다 바람은 불고
언제고 훌쩍 떠나버릴 가족을 끼고
모퉁이를 돌아가는 치맛자락에도 바람은 불고 있었다
마당은 언제나 넓고 텅 비어 있는데
여인의 가슴에도 그날은 바람이 불고 있었다

색종이로 만든 카네이션

빨간 속마음 숨기면서
빨간 색종이로 접어서 접은 갈피마다
사랑하는 마음
서운한 마음
때때로 눈흘기며 투정하던 마음들을
꼭꼭 숨겨 만든 다음 핑킹 가위로
수없이 많이 이어 놓은 카시오페아 별자리

노란 속마음 숨기면서
틈틈이 어머니의 화장품이며 장신구를 하며
흉내내던 그 마음 노란 색종이 구석마다
꼭꼭 담아서 담에 크면 멋진 선물 해주겠다고
몇 송이 함께 묶어 화분에 담았네

그래도 아직 숨겨둔 마음 남아
분홍색 연지곤지 둥글둥글 접어서
어머니 고운 마음 꼭 닮고 싶다고
어머니 고운 웃음 꼭 닮고 싶다고
핑킹 가위로 오물조물 꽃잎 만들어
키 작은 꽃송이로 함께 묶어서
사랑하는 마음을 연둣빛 나뭇잎으로 드리웠다네

잠자리가 하늘을 날 때

붉은 고추잠자리가 하늘을 날 때엔
그녀의 두 볼의 볼우물도 함께 날아오른다
그녀의 두 눈가의 눈웃음도 함께 날아오른다
그녀의 미소도 함께 날아오른다
바람이라도 불면
여울지는 호수의 물결처럼
고추잠자리는 머리 위를 어지럽게 날아다니고
이 하늘 아래 이별이란 영원히 없을 것이다
저런 푸르른 하늘 아래 슬픔은 없을 것이다
잠자리 날갯짓이 존재하는 한 아마도 없을 것이다
수천 번의 날갯짓으로 하늘을 날고 있는 한 없을 것이다
잠자리가 하늘을 날 때엔
그녀의 사랑도 함께 나의 위를 날고 있는 것이다

연애편지

그대와 나는 풀잎과 이슬
싱그러운 풀잎에 영롱한 이슬
순수의 보조개만 존재하는 하이얀 비단 위에
그대 향한 마음 글로써 적는다네
어떤 미사여구로도 표현되지 않는 심장의 떨림이여
한장 한장 곱게 포개어진 꽃잎으로
빠알간 속살 부끄러이 그려놓고
그대 있는 곳으로 한 발짝 다가서네
영혼의 비단옷깃
부끄럽게 내민 두 발 살포시 덮으며

비가 온다

순수의 손으로 빚은 항아리에 빗물을 담는다
누구의 진실을 쏟아놓았을까
마음의 비행기는 고공비행을 하고 있었는데
걸어온 길들이 모두 빗물이 되었나 보다
사람들은 지나와 버리고 나서도 이렇게
과거로의 질주를 하고
진실과 사랑과 우정과 믿음
아픔과 서러움과 슬픔들을
이렇게 내리는 빗물로 만들어 항아리에 담는다
담긴 빗물 다시 하늘로 날아오르면
작은 종이 비행기로 먼 이국의 어느 오지奧地 마을에
이 젖은 옷깃을 여미며 한 열흘 정도 머무르고 싶다고
비는 조근조근 속살대며 내리고 있다

기다린다는 것은

산자락이 멀수록 삶의 진실은 명료하고
그 산자락 너머 태양은 떠오르고
기다림은 길어질수록 서 있는 그림자도 짙어 진다
산그림자가 깊은 골짜기 산골물 소리에 고개 숙이고
산등성이 햇살 받으며 붉은 황토를 토하듯 하다가 다시
질긴 삶의 뿌리들이 깊숙하게 움킨다
구름이 하늘가를 저렇게 서성댄다 하더라도
이런 기다림의 시간이 없었겠는가
기다림의 연속으로 이루어진 노정路程
끊임없는 발걸음들이 황토를 움키는 뿌리가 될 것이다
지구의 심층까지 꿰뚫으면
기다림이 오히려 행복의 근원임을 알게 될 것이다

그리움

내미는 손 허전히 홀로 외로웁고
닿을 듯한 그대 손길 그저 스치는 바람일 뿐
하늘의 구름송이 하염없는 마음에
아린 가슴 허공에 한 마리 새로 날고
저 푸른 파도에 가슴을 씻고
어설픈 이름 하나 달아 보았다
그 이름 하늘 높이 팔랑이는 깃발 되어
님의 소리 갈망하는 사막의 작은 모래알이려니
그리웁다 그리웁다
이 사막을 적셔줄 그대 영혼
어디메쯤 나에게 올 그대의 그림자마저

제4부 나무의 뿌리

안동 화장장

살아간다는 것이 간혹 영산홍에 붙어 사는 벌레를 연상하게 한다
울타리 처진 도랑을 긴 주둥이로 핥아 가며 먹이를 찾는 오리나 거위는 어떨까
흙을 밟고 사는 삶이란 무엇인가
그저 낚대나 드리우는 사람으로 바람과 구름을 벗삼는 삶이면 또 모르지
가을 창공 비취빛에 물든 가슴 흐르는 물결에 씻으며
그렇게 욕심 없이 사는 삶이란 또 무엇이란 말인가

육신을 태우는 연기마저 보이지 않는 공간에
그저 지나가는 고양이를 곡비哭婢로 삼은들 또 무에란 말인가
나란히 앉은 혈육들이 망자의 사진 한 장 바라보는 눈에는
한올 한올 머리카락 민들레 홀씨처럼 날려 보내듯
짙은 창공 구름 한장 한장이 발 디디는 섬돌 되어
황망히 달아나는 옷깃이여
남은 욕망도 미련도 하나 남아 있지 않았던가
스님의 축원도 필요치 않았단 말인가
바람 칼날처럼 뺨을 스치고 점점 초라해져가는 이 촌구석의 길들이

모두 일어나 앞을 가로막고 설 것만 같다
굽이굽이 몇 굽이를 지나왔는가 다시 장지로 돌아가야 할 길이 똑같은 길이건만
한 줌 재로 남은 상자 위엔 도포 입은 모습에 미소마저 짓고 있는 모습이여

반변천 흐르는 물결마다 때로는 천길로 때로는 여울로
영원히 남아 있을 자애로움이여. 아비여.

마음의 감옥

누이는 유년의 추억으로 스웨터를 짠다
굵은 털실을 말아 쥐고 쉬 놓지 않는다
가을날의 구름처럼 털실의 실밥이 날리고
뱀이 껍질을 벗어 놓은 듯 털실의 보푸라기가 방바닥에 앉아 있다
모두들 성장의 터널을 지나온 뒤의 그곳엔 햇살이 가득하고
누이만 홀로 앉아서 한올 한올 올을 센다

삶이 만들어낸 분비물들은
커다란 대빗자루 하나로 쓸어 내어도
어느새 뒷산 능선을 따라 햇살의 가랑이 사이로
또다시 기어오는데
누이는 햇살을 풀어 추억의 그물을 짜고 있다

한 아이가 웃고 있다
누이의 두 눈이다가 누이의 두 귀이다가
누이의 발이 되기도 하고 누이의 손이 되기드 한다
산이 안고 있는 것은 호수가 아니라 누이인 것만 같다

왔다간 인연들이 호수의 조약돌
일렁이는 물결 사이 잉어의 유연한 꼬리지느러미
지느러미가 그린 커다란 원
호수는 바닥까지 움직인다
삶이란 호수 속 물고기의 비늘 하나쯤으로 꿈틀대고
그때도 태양은 그렇게 산릉선을 따라 눈부시다

등산객들은 다녀간 꼬리표 붙이는 것을 망각했다
그저 흔적들은 바람의 한 올로 다시 돌아갈 뿐
그네들의 가슴속으로 귀향을 서두른다

해가 저물고 어둠이 찾아와도
누이의 손은 여전히 뜨개질로 바쁘고
짜여진 올들이 누구의 헐벗은 몸들을 가릴지
그때도 자꾸 어둠은 발레리나의 발걸음으로 찾아들고 있다
누이는 그렇게 또 기다림을 배운다

하루의 정오 지점에서

길을 가다가도 아마 이렇게 하루의 한가운데와 같은 곳에 이르렀다면
다시 돌아갈 수는 없을 것이다
산을 오르다가도 이렇게 산중턱에 서 있다면
보이는 것이 허공뿐이라 할지라도 어찌 돌아갈 수 있으랴
많은 산들이 능선의 실루엣을 황홀히 보이는 지점에 이르렀는데
다시 돌아서서 어찌 내려서 설 수 있겠는가
한 팔을 들어 구름을 잡는다 하더라도
그 위엔 푸른 하늘이 있다는 것을 알고 있는데

하루의 정오 지점에서 나는 삶의 행로를 생각한다
태양은 갈수록 높아만 가고 아무리 보아도
가슴에 안을 수 없는 수직적인 거리감에 아득하기만 한데
대지는 역시 헌신과 겸허의 미덕으로 손을 내민다
삶이란 하루의 정오에 서 있는 것처럼
태양은 높기만 하고 대지는 한없이 낮고 헐벗은 것을

정오의 태양볕 아래
두 팔을 들어 올린다
두 팔을 들어 올리면 하늘에 오를 수 있는 사다리라도 만들 수 있을는지
황홀한 산의 능선을 넘어서 산정상까지 오를 수 있다는 가능성의 사다리라도
삶이란 이런 지점에서 언제나 낮춤의 미덕을
아무리 자란다 하더라도 모든 나무들이 하늘 아래에 있다는 것을
오를수록 낮아지는 나무들과 인간이 닮았다는 것을
정오의 태양은 이렇게 세상을 밝게 비추며
수직에서 사선으로 그리고 수평의 미덕으로 향해 갈 것이다
저 산릉선의 곡선들이 기다림의 가치를 배우게 하듯
태양보다 높은 정상은 정오의 시간에서 낮춤의 미美를 설說하고 있다.

천칭과 기울어지지 않음에 대하여

일상적인 수준의 일탈을 꿈꾸는 사람은 여행을 소망한다
여행으로 새로운 세계와 문화에 대한 호기심을 여기저기에서 담아낸다
이색적인 향취들이 자극적인 오감으로 전해지는 것으로 여행은 그 가치를 다한 것이다.

일상적인 수준의 자유라는 것은 포도를 씻어 포도에 술을 부은 다음
그 술이 익을 때까지 기다렸다가 그 포도주를 음미하는 것이다
포도주가 익을 때까지 기다리지 않는 사람은 자유의 의미를 모르는 것이다

일상적인 수준의 사랑은 그 사람을 위해 인생의 30% 정도는 그 사람을 위한 배려와 그 사람을 위한 땀으로 사는 것 정도라고 할 수 있을 것이다.
만년필의 잉크가 사랑하는 이를 위해 쓰여질 때 그 사랑은 성숙을 위해 발길을 돌리기 시작한다.

일상적 수준의 기대는 앞산이나 뒷산처럼 간편한 등산복

차림으로 함께 오를 수 있는 것이어야 한다. 그냥 태양이나 기웃거리고 달님이나 한 번 들를 수 있는 그런 것이라면 아무리 기다려도 달님이나 태양이 되지 않으면 이르기 어려운 것이다.

일상적 수준의 행복은 식사 후의 설거지와 청소를 마친 후 한 잔의 커피에 녹아 있고 가족들의 미소 속에 담겨 있고 작은 계획들이 결실을 이룰 때 함께 찾아드는 것이다. 바둑판에 놓여 있는 바둑알들의 질서로운 움직임 속에서만 존재하는 것이라고 해야 하지 않을까? 어느날 갑자기 찾아오는 행운으로 행복을 기다린다는 것은 허풍쟁이의 허풍을 진실로 믿는 어리석은 자가 아니겠는가?

간혹 무지개의 비밀이나 수평선의 신비, 동화 속의 왕자나 공주, 달님의 화안한 미소 속의 평화, 남극이나 북극의 어디쯤에 있을 산타의 선물……

이런 것들은 높은 산속에서 들려오는 메아리처럼 잡히지 않고 바람 따라 흘러가 버리는데 그냥 일상 속의 것들에 만족이라는 단어의 의미들을 걸어 두고 등산을 하든지 마라톤을 하는 것을 어떨까

너와 나의 경계가 모호해지기 시작할 때

잡아서 놓지 않은 손처럼 언제나 따뜻한 가슴은
일상적인 배경에서 나의 곁에서 숨을 쉬고
마흔 낮과 마흔 밤을 경계境界를 없애기 위해 보낸 날들
허물어진 담들을 다시 쌓아야 한다는 생각이 문득 들기 시작한다
소중한 것들을 돌려 주기 위해 하나를 돌려주곤 하나의 벽돌을 쌓고
또 하나의 것을 돌려주고 벽돌 하나 더 쌓고
너와 나의 경계가 모호해지기 시작할 때
반드시 우린 이런 일들을 해야 하는 것이다
너의 미소 속에 나의 미소가 있을 때
나의 미소 속에 너의 미소가 있을 때
우린 하나의 삶 속에 있지만 하지만 꼭 해야 할 일이 하나 있다
너에게 너만의 것을 너이기에 가졌던 것을
나에게 맡겨 둔 진실의 아름다움을
너에게 다시 주어야만 하는 것이다
사랑이라는 이름으로 함께했던 것들을
꼭 너에게 있어야 할 것이 어느새 나에게 왔다면
그건 다시 봄에서 여름, 가을, 겨울을 지나 다시 봄이 오듯이
그렇게 다시 너에게로 갈 수 있도록 해야 하는 것이다

또다시 이런 하나하나의 벽돌을 쌓기 위해 마흔 낮과 마흔 밤을 보내야 할 것이다
순수의 미소들이 사랑의 흰 백합들이
팔순이 되어도 다시 너의 가슴에서 피어날 수 있도록
삶의 열정들이 나를 위한 열정들이
또 다른 것들을 향한 열정들이 될 수 있도록
삶은 온전히 자신의 것인데
너와 나의 경계가 모호해지기 시작할 때
나는 순환의 굴레 속에서 너에게로 가고 있다
사랑이라는 결혼이라는 이름으로
나의 삶의 일부가 되기 시작한 모든 너의 모든 것들을
두 발로 삼아 나는 너에게 가고 있다
하이얀 백합 송이들을 안고서
그리곤 너와 나의 경계지에 하나하나씩 벽돌들을 놓을 것이다
삶이란 온전히 자신의 것인 것을

타인의 이름으로 내가 있다

밤하늘 작은 조각달 그대 심장은 어느덧 내게 와 있었다
사랑도 내게 와 있었다
깊은 밤 님과 함께했던 잊을 수 없는 밤도 내게 와 있었다
어느덧 나는 도둑이 된 것이다
이념과 사상마저 살금살금 나에게 다가왔을 때
저녁놀이 질 무렵 찾아드는 땅거미가
한없이 가벼운 천박한 웃음을 웃으며
담장을 넘고 있었다
나에게 타인이 온 것이 아니라며
오히려 내가 타인들에게 있는 것이라며

나의 그림자를 어둠이 토해내고
그다음 날도 또 그다음 날도
나의 그림자는 어느덧 나의 것이 아니게 되고
간혹 바람처럼 이방인이 찾아와
발걸음이 흔들릴 때도
나는 이제 더 이상 내가 아니었던 것이다
걸어온 발자국도 그림자도 벗어놓은 옷도
모두 살아서 타인의 모습으로 웃고 숨쉬고 달리고
하여 타인의 이름으로 내가 있었다

커다란 강물이 온몸을 휘감으며 흘러가고
퇴적으로 이루어진 삼각주도 지나고
어느덧 바다 언저리에 머물러 있는
강물 속의 작은 몸뚱아리
물결 속의 작은 바윗돌로 앉아 있는 인어공주 옆에
잠시 기대서 흐름의 잔물결을 바라보고 있을 때도
나는 내가 아니라 타인의 이름으로 있었다
온통 텅 비운 가슴으로 그렇게 있었다

사육의 미학

— 사육되어지는 동물을 위한

어느 날 문득이라는 단어란 없다
언제나 지속된 것이었으며
반복된 진실이었으며
그 속에 잘 가꾸어 놓은 화단의
손질된 한 포기 화초였으며
먹이를 주며 키워 놓은
한 마리 짐승이었다
벗어날 수 없는 테두리가 존재하였고
언제나 일정한 먹이가 공급되었으며
필요한 가치들이 주어지는 공간이었으며
나는 그 속의 벗어나지 않는 존재였다
질서였으며 안정이었으며
그 밖의 세계란 상상 속의 세계일 뿐인 것이다

그림자들의 반란

빛의 반대편엔 언제나 분신들이 춤을 춘다
심장의 일부를 코카서스 언덕에 걸어두고
아득한 태초의 에덴 동산에서
아담과 이브가 짊어지고 살아가야 했던
삶의 굴레를 간혹 이렇게
그림자들끼리 모여서 축제를 한다
삶이란 태양 아래 존재하고
바람이 불면 흔들리는 것을
그림자는 이런 삶에
언제나 순종하는 여인처럼 따라다니다가
반란으로 한 철을 보내기도 하는 것이다
어둠은 언제나 어둠의 세계에 존재할 뿐
그림자는 그림자의 세계 속에서 완전할 뿐
서로 내미는 손과 손들이
오늘도 한 존재의 그림자로서 충실할 뿐인 것이다
심장의 파닥이는 하트의 상징을
이제는 코카서스 언덕의 큰 바위에 새겨두기로 한다
자손 대대로 잊어서는 안되는 상징물로서
그 새겨진 심장 아래 그림자들의 반란은 찬란하리로다
붉은 포도주의 황홀함처럼 그렇게

간혹 또는 잠깐이라는 시간성

만남은 잠깐이지만 영원의 시간 속에 남아 있고
허공은 간혹이지만 그 아픔은 오랫동안 남는다

산과 하늘은 간혹도 잠깐도 아니다

사랑은 잠깐도 영원이고
영원이지만 잠깐이다
사랑은 언제나 간혹일 수는 없다

소망은 간혹도 잠깐도 아니다
언제나 시작이라는 속성을 지닌다

보이는 것은 잠깐이지만
보이지 않는 것은 잠깐이 아니다

간혹도 잠깐도 아닌 시간의 연속들이 빚은
허공도 담고
만남도 담고
산과 하늘도 담고
사랑도 담고

소망도 담은
항아리의 둥근 선의 미학

그것은 간혹이지만 아마 잠깐은 아닐 것이다

내가 있는 곳이 어디메인가

—바람이 전해 준

부처님 전에 진실로 무릎을 꿇고 앉아 본 적이 있는가

벚꽃이 참 좋다

분홍빛 비단을 휘두른 아리따움이
검게 그을린 투박한 나무의 어깨를 감싸안은 형상이다
연약한 손길은 애처로운 이슬방울을 훔치고
몇백 년간의 품은 비밀을 바람결 따라 풀어내고 있다
어느 왕비의 눈물이련가
어느 공주의 눈물이련가
역사는 흐르고 고색 찬연한 비석의 한 구절쯤으로 새겨졌는데
어느 나라의 약조였던가 아님 어느 나라의 화해의 손길이었던가
어둔 밤 가로등은 꽃잎으로 하여 더욱 밝아지고
아직도 판독되지 않은 나뭇가지의 뻗음은 없으리
한 잔 마시면 꽃가지 하나 꺾어 수를 놓는다는데
이 한 그루 한 그루 서로 나눔의 관계를 셈했을까
깊은 뿌리의 속셈이야 알 리 있으리마는
날리는 꽃잎은 분홍빛 빛깔로 하늘 한 켠을 물들인다.
분홍 비단 자락이 억센 나무줄기 같은 역사의 그림자를 가리고 있다

제5부 미완성의 순간들

미완성의 순간들

1

새벽산은 언제부턴가 선녀의 날개로 아랫도리를 가리고 있었다

아직 간혹 실례를 하는 오줌싸개처럼

천지난만함을 뽐내는 저 정기 어린 산 정상을 보라

빠알간 웃음의 해님이 아직 먼 곳에서 걸어오는 소리가 들리고 있다

2

바람이 달려와 흙벽에 부딪는 소리들이 어느 고전의 한 귀퉁이를 뒤적이고 있다

얼마나 먼 길을 저리 빨리 달려왔는지 초월의 가락들이 치켜올린 처마 끝을 스치며

풍경 소리 다급히 서쪽으로 향하는데

3

끝을 잃어버린 것들이 마지막을 잃어버린 것들이

하늘과 땅의 만남을 이루어 내고

그들은 아직 대화의 시작을 보류하고 있다

설익은 과일의 한 조각처럼 반쪽으로 펼쳐진 이름 없는

산들이여

4
나의 기도는 저녁놀입니다
언제나 완전함으로 나의 머리를 조아리게 하는 당신의 미소여
저 붉어오는 부끄럼을 어찌하오리까
지워도 지울 수 없는 언제나 미완성의 나의 기도를

5
붉은색의 노을은 노란빛으로 그리고
푸른 산은 보랏빛으로 그리고
나머지 빈 공간마다 무지개 빛깔로 채워 넣은 무질서의 미학이여
혼자만의 사색은 그 빛깔 위에 어둠의 검정을 덧입혀 놓고는
예리한 끌로 수천 년 전의 유적을 발굴하듯 어둠을 닦으며 밑그림을 찾고 있다

6
잃어버린 진실 찾기 놀이를 해본 적이 있나요
찾다가 찾다가 지쳐서 보면 이미 나는 배를 타고 배 위에

있는 것을

이 나이에 청춘의 예찬을 찾는다는 것도
증권에 빠진 남편을 옆에 두고 순수의 사랑을 찾는 것도
어리석음의 가치와 한 궤에 있는 것을

차라리 배를 타고 잔잔한 물결의 흔들림에 함께 흔들리고 있을 달님
그 달님의 미소와 만나고 싶어라

7
가다가 가다가 지치더라도 저 하늘을 원망하지 말기를
가다가 가다가 끝이 보이지 않더라도 저 땅을 원망하기 말기를
두 다리가 너무 짧아서 두 발이 너무 느려서
놓쳐버린 달님이 있더라도 가슴일랑 치지 말기를
호수처럼 넓은 가슴이 무슨 잘못이 있으랴
바람이 불어야 흔들리는 호수인데
그저 무너져 내린 성이 있걸랑
저 호숫가에 앉아서 잔잔한 물결 같은 노래라도 불러보렴

8

간혹 저 집의 굴뚝에 연기가 오르면
무척 오랜 고향의 친구가 보고 싶다고 울고 있는 것이라고
그 연기가 너무 오래오래 하늘을 향하고 있으면
영원히 오지 못할 곳으로 가버린 친구라고
연기가 바람에 흩어져 구름인지 연기인지 구별이 불가능하면
그것이 바로 친구의 미소라고 영원의 손짓이라고
피우지 못한 향불들이 가슴으로 옥죄어 오는 순간들의 연속이라고

9

저녁산은 붉은 심장을 머리에 이고 있다
바람이 일러 준 소식의 꼬리들이 하이얀 한지에도 붉게 물들어 가는데
두 날개 활알짝 펼쳐 나는 새떼들의 이동이여
하늘과 땅의 거리가 아득한데
허무는 거리감으로
붉은 심장도 날아가는 새떼도 모두 무색無色하게 하는 이 당혹스러움이여

10

간혹 한 번 들르는 전통찻집 계단을 내려서면
벙글어진 연꽃의 미소가 아름다운
넓은 연잎의 너그러움에 꼭꼭 매어둔 보자기의 끈을 풀어 본다지만
풀어 놓은 보자기 속의 부끄러운 내 마음이
어느새 커다란 또 하나의 연못 위의 머쓱한 연꽃이 되었는데
어느 어여쁜 여인이 현대적인 기계인 카메라를 들고 찍기 시작한다
몇 장을 담았을까
카메라 속에서도 연꽃은 필 수 있을까
열매 맺지 못한 필름 속의 연꽃이여
삶에서 열매 맺지 못한 일들이 왜 그리 많을까
못내 아쉬운 이별의 손짓으로
다시 그 보자기의 끈을 묶어야 하는 시간의 절박함이여

11

스님은 산사에서 흘러가는 구름을
독경 소리로 묶고 있다
지붕 위의 기와는 그 구름을 벗으로 삼기로 했나보다

| 평설 |

경계선에서 찾은 성찰과 절충

장 성 진

| 평설 |

경계선에서 찾은 성찰과 절충

—신혜경 시집 《들고 있던 항아리》를 보고

장성진 (창원대학교 국문학과 교수)

1

첫 번째 전제. "시"라는 용어는 근대 이후 서정시를 가리키는 말로 거의 국한되어 쓰인다. 같은 용어로 예술 전체를 감싸던 아리스토텔레스나, 역사적 진실과 성군의 위업을 기리던 공자의 유지를 계승하여 서사시를 창작하기도 하지만, 서사는 시의 영역에서 그리 효과적인 역할을 하지 못한다. 그 대신 오늘날 서사는 소설과 그 파생 갈래인 영상물에서 거대한 문학의 영토를 건설하였다. 그런 만큼 시는 더욱더 서정이라는 정신이 깃들 집 구실을 하여야 하며, 또 그리한다.

서정 장르의 정신적 지향은 자기 표출이다. 이것을 흔히 "세계의 자아화"라고 하는데, 너무 까다로운 이론에 기대지 않더라도 시가 얼마나 주관적 상상력에 의존하고 있는지 생각해보면 금방 알 수 있다. 죽어서 무엇이 되기도 하고, 하늘에 올라 구름을 잡기도 하고, 새가 되어 하늘을 날기도 하고, 천 길 물속을 기어가기도 한다. 인간의 삶을 규제하는 시간과 공간으로부터 무한정 자유로워진다. 단지 내 마음속에서. 이 서정적 상상의 자유는 심화될수록 자신만의 것이 되어 남과 또는 객관적 세계와의 소통이 거의 중단되면 이른바 난해시가 된다. 극단적으로 가면 자기와의 소통도 불가능해지고 이른바 불가해시가 된다. 그럴 수도 있으며 실제로 그런 시들이 범람하고 있기도 하다.

두 번째 전제. 작가의 위치 설정이다. 시인은 한편으로 고대 사회에서 신과 인간 사이에 위치하여 우주의 온갖 기미를 알아내고 예언과 선언을 하던 권능을 마음 한구석에 숨기고 있으며, 다른 한편으로는 아주 소시민적인 현대인으로서 부조리한 자기 고백을 하기도 한다. 개별 작가는 이 두 극단 사이에 자신을 위치시키며, 대체로 1인칭 화자의 형태로 그것을 드러낸다. 이것이 여러 작품에서 가변적이기는 하지만 대체로 한 작가는 하나의 경향을 보여주는 것이 일반적이다.

현대시는 상업적으로 유통되고 사회적으로 평가된다. 유럽의 근대문학이 작가의 독립과 함께 시작되었음은 주지의 사실이다. 영주나 귀족을 빠뜨롱으로 삼아 창작력을 노동으로 제공하던 단계에서 벗어나 자신의 이름을 걸고 출판사와 계약하여 작품을 상품화한 것이다. 살롱에서 지식인들의 관심과 대화거리가 되고 비평가들의 비평을 거치면서 작품이 유명해지기도 하고 폄하되기도 한 것이 사실이지만 출판사의 기획과 독자의 선택이 훨씬 중요하였다. 한국의 경우도 원칙적으로는 이러한 근대성을 받아들인다. 작가가 쓴 작품은 공식적으로 등록된 출판사의 출판물로 간행되는 순간부터 존재를 인정받는 것이다. 다만 한국에서는 인위적인 제도가 작품의 존재 기반에 결정적인 몫을 한다. 이른바 폐쇄적인 문단이 있어서 등단을 통하여 작가 신분을 획득하는 것이다. 작가와 비평가로 구성된 문단이 자연인에게 작품을 발표할 수 있는 자격증을 준다는 것이다.

이 경우 작가는 태생적으로 비평가와 영향력 있는 작가를 의식하고 작품을 쓰게 된다. 그런데 비평가들은 일반적으로 난해한 작품을 좋아한다. 난해한 작품에 대해서는 비평가의 지적 역량이 돋보이기도 하고 독자들에 대한 영향도 그만큼 커지기 때문이다. 그렇다면 독자는 어떠한가? 좀 과장해서 말하자면 대부분의 독자는 잠재적 작가 지망생이다. 특히 시의 경우는 더하다. 적어도 문학이라는 세계에서는 작가와 독자의 신분이 다르니만큼 신분 상승의 욕구는 당연하다. 그러니 독자들 또한 자기의 기호에 의해서라기보다는 문단의 은근한 권유에 기울어진다. 이미 권위를 확보한 사람들의 발언이 매력적이기도 하고, 자기도 거기에 한 걸음 다가가고 싶기도 하기 때문이다. 난해시와 유사시가 확대재생산되는 큰 이유가 여기에 있다.

따라서 작가의 자발적 개성 표출과 독자의 취향에 따른 독서를 통한 만남은 생각보다 어려우면서 비평가를 통해 간접적으로 만나는 경우가 많다는 점에는 유의해야 한다.

2

신혜경의 두 번째 시집 《들고 있던 항아리》에 수록된 시편들은 앞서 언급한 현대 서정시의 두 가지 전제를 다시 생각하게 한다. 달리 말하면 그러한 것을 작가 본인이 의도했든 아니든 평소에 고민했다는 뜻이다. 어느 전제에 대해서든 주류적 경향에 편승한다든가 반대로 강하게 거부하는 일방적 선택이 아니라, 점검과 절충이 주를 이룬다.

이 시집은 전체 5부로 구성되어 있다. 제1부 〈항아리〉와 제4부 〈나무의 뿌리〉는 명사형의 제재를 편명으로 붙였지만 실제로 제재는 다양하며, 주로 폭넓은 사유와 그에 대한 느릿한 서술이 부각된다. 제2부 〈호수로 대화하는 법〉은 호수를 제재와 제목으로 삼은 연작시이며, 제3부 〈사랑별곡〉은 동일한 주제 지향적이다. 마지막 제5부 〈미완성의 순간들〉은 새벽과 저녁의 풍경들을 통해 명상하듯 단상을 엮은 고요한 시편들이다.

이러한 구성을 통해서 얼핏 짐작이 가듯이 그의 시세계는 다면적이다. 주제나 제재를 집요하게 추구하는 것이 아니라 삶의 현장을 보여주기도 하고 들려주기도 하면서 그의 말대로 "꼭꼭 매어둔 보자기의 끈을 풀어서" 뭔가를 꺼내 놓기도 하고, "다시 그 보자기의 끈을 묶어야 하는 시간의 절박함"(미완의 순간들 · 10) 앞에서 서둘러 주섬주섬 담기도 한다. 그래서 작품에 대한 접근의 통로도 여럿이다. 이는 작가의 성격과 상당히 일치한다. 신혜경은 얼굴을 잘 드러내지 않는 작가이다. 특정 문학 단체에서 활동하지도 않고,

어느 경향의 문예지에 열성적으로 참여하지도 않는다. 문예 이론에도 관심이 많지만 새로운 경향을 좇아 기대지는 않는 편이다. 꽤 오래 학생들에게 국어와 문학을 가르치는 교사로 지내오면서 입시를 위한 교육과 삶으로서의 문학 사이에 고민을 했으며, 고전문학 특히 사설시조의 개방성에 관심을 기울이기도 하였다. 여기까지가 그의 시를 이해하기 위한 범위 안에서 살펴본 작가의 면모이다.

이러한 관심과 활동의 폭이 어느 정도는 작품에 반영되어 있어서, 앞의 두 가지 전제를 통한 해명에 도움을 준다.

3

서정의 정신적 바탕은 세계의 자아화이다. 구체적으로 시에서 화자가 세계를 어떻게 해석하고 재배치하는가의 문제이다. 그렇게 세계를 재배치하고 나아가 그 세계가 새로운 질서를 확보할 때 창작이라는 용어의 값을 충실히 한다. 이때 시인은 창조자가 된다.

다음 작품은 이 시인의 여러 가지 면모를 설명하기에 적합하므로, 다소 길지만 전문을 인용해 둔다.

밀려드는 것이 파도뿐이랴
언제쯤 넉넉한 저 대양으로 세상에 발 디딜 수 있겠는가
언제쯤 저 거대하게 밀려드는 파도로 세상과 대적할 수 있겠는가
갈수록 하늘은 높고 바다의 깊이는 헤아릴 수가 없다

바다 속 헤엄쳐 다니는 수중 물고기들의 지느러미나
천수를 흔들며 기다림을 배우는 말미잘의 열렬함이나
아님 어느 바다 한 귀퉁이 찬란한 진주의 미소쯤이라도
깊이와 비례하는 시선의 접점接點에서 만날 수 있기를 기대하며
바다의 신음 소리를 듣고 있다

밀려드는 소리야 그렇다지만 부서지는 저 물기둥들이
자꾸만 자꾸만 허망해지기 시작한다
딛고 선 모래들이 파도에 허물어져 내리며 발가락이 숨바꼭질을 시작한다
아무리 생각해도 허물어져 내리는 모래처럼 가슴 한 자락이 내려앉는 것만 같아
걷기 시작한다 모래에 빠져드는 깊이를 느끼며 걷고 또 걷는다

바다의 반원을 걸어서 다시 돌아올 때쯤
바다는 태양을 가슴으로 안고 있는 것이 아닌가
긴긴 기다림의 시간을 넘어서 해후의 기쁨이 수평선 저 멀리에서
잔잔한 전율로 붉은 물결로 은빛 물결로 다가오고 있는 것이 아닌가
바다는 깊이 간직한 커다란 진주 한 알 토해내고
갈매기 힘찬 날갯짓으로 태양을 향해 활시위 연신 당기고 있는 것이 아닌가

또다시 바다는 커다란 물기둥 굳게 세우고

태양은 붉은 노을로 커다란 불새 되어 날개를 펴고 있다
헤라클레스의 피를 타고난 불새
어둠을 안고 장렬한 죽음을 맞이해야 할 운명을 훈장으로 달고
바다를 향해 피를 토하고 있다
천년 동안 간직한 우주의 비밀을 한 알 진주로 토하고 있다

커다란 물기둥 다시 부서지고 어둠과 함께 바다는 하강의 수심으로 안겨들었다
해안의 반원을 그리며 그렇게

—〈바다의 말〉 전문

이 시에서 전반부와 후반부는 서정성 확보 방식의 차이를 잘 보여준다. 전체적으로 화자의 모습을 숨기고 있지만 그 노출의 정도에는 차이가 있으며, 이에 따라 화자와 대상 곧 자아와 세계는 역으로 작용한다.

우선 전반부를 보면 화자는 상대적으로 잘 드러난다. 주어를 사용하지는 않았지만 "나"임이 대부분의 행에서 암시된다. 이에 비해 화자가 대상을 끌어들이는 정도는 아주 약하다. 오히려 화자가 대상에게 끌려가고 있다. 첫 연 9행 중 "기다림을 배우는 말미잘", "진주의 미소", "바다의 신음 소리" 정도가 객관적 사실에 주관적 판단을 가한 것이지만 이런 표현은 산문적 서술에서도 흔히 나타나는 것이라 하겠다. 이것을 제외한 문장 단위에서는 모두 객관적 사실을 서술하고 있으며, 게다가 의문형 어미를 배치한 설의법을

자주 구사하여 주관성을 더 약화시켜 두었다. 둘째 연에서도 주어진 상황에 화자가 수동적으로 반응하여 주관의 개입이 차단된다. 반면 후반부에서는 화자가 숨고 사물이나 사실들이 주어로 나열된다. 그러면서 사물들끼리의 만남이나 사실들끼리의 작용은 활발하게 서로를 자아화하여 새로운 질서를 창조해 나간다.

결국 전반부에서 화자는 바다와 뭍의 경계선에서 저쪽의 바다를 이쪽의 뭍으로 끌어들이려 하면서 객관적 상황에 계속 끌려가고, 후반부에서는 경계선 이쪽에 선 채 저쪽 곧 바다와 하늘의 세계를 바라보면서 상상이 현실을 지배하는 창조력 곧 세계의 자아화라는 서정의 본질을 극대화한다. 두 장치가 균형을 이룬다는 뜻이다. 이 점은 서정 장르의 극단적 진행을 은밀하게 조율한 결과이다.

이른 봄날의 햇살 같은 미소를 지닌 그녀는
창가의 책상에 앉았다가
문을 열면 화안히 미소를 지으며 다정한 인사를 건넨다
하이얀 피부에 간혹 주근깨가
풍자나 익살처럼 한두 개 회색빛으로 박혀 있다
비라도 올라치면 그녀의 두 눈엔 어느샌가
온통 희망도 웃음도 맑은 옹달샘 같던
그 눈가의 웃음마저도 사라져버린 해님이 되었다

—〈가슴에 바이올린을 품고 사는 여자〉 앞부분

살아간다는 것이 간혹 영산홍에 붙어 사는 벌레를 연상하게 한다

울타리 쳐진 도랑을 긴 주둥이로 훑어 가며 먹이를 찾는 오리나 거위는 어떨까
흙을 밟고 사는 삶이란 무엇인가
그저 낚대나 드리우는 사람으로 바람과 구름을 벗삼는 삶이면 또 모르지
가을 창공 비췻빛에 물든 가슴 흐르는 물결에 씻으며
그렇게 욕심 없이 사는 삶이란 또 무엇이란 말인가

—〈안동 화장장〉 제1연

이런 작품에서 보이는 서술은 매우 설명적이다. 화자는 의도나 개성이 없어서 세계를 자아화할 근거조차 보이지 않는다. 이어지는 연 어디쯤에서는 전환이 일어나곤 하지만 현대시의 지나친 내면화에 대한 반작용이 강하게 표출되었다. 이러한 시도가 성공적일지 여부는 전체 속에서의 절충과 조화가 어떠한가를 더 살펴야 할 것이다.

어린 시절 나의 기도 속에
욕망은 없었나 보다
그건 그렇고 내 가슴이 속이 들여다보이는 호수였나보다
호수에는 물고기들이 노닐고
물풀들이 자라 때론 물 위에 몸뚱아리 내어놓고 있건만
그렇다면 가슴이 호수는 아니지

모쪼록 그 호수를 들여다본 건 친구거나 선생님이다

물고기 몇 마리쯤 잡은 사람도 있을 것이고
그저 이방인이기를 소망하는 이도 있을 것이고
바람에 흔들리는 호수를 바라본 이도 있을 것이다

—〈너에게 받은 욕망〉 6연 중 제1 · 2연

작품의 앞부분에 해당하는 인용문에서도 동일한 사실이 확인된다. 첫째 연에서 가슴속이 호수였다는 창조된 세계는 추측을 통해서 약화되고, 조금만 진행하다가 곧장 호수가 아닌 것으로 물러났다. 화자가 세계를 끌어들이는 데 매우 조심스러운 모습이다. 둘째 연에서도 호수 속에서 이루어지는 일들은 타자의 몫이며, 화자는 계속해서 추측을 통해서 사실을 확인하고 있다. 이것 역시 서정 장르의 진행을 의도적으로 조율하는 모습이다. 서정적 장치 일변도의 시가 난해성이나 불가해성으로 치닫는 것을 경계하고 있다.

그런데 여러 작품에서 앞부분은 화자의 상상을 제약하고 뒷부분을 그것을 추동하는 태도를 보인다. 이것은 고시의 전통을 은연중 받아들인 결과이다. 한시에서 선경후정先景後情, 곧 전반부에서 서경을 묘사하여 객관성을 확보하고 후반부에서 정서를 드러내어 주관성을 확보하는 방식이 일반적이며, 시조를 비롯한 고유시에서 전절이 사실적으로 이루어지고 후절에 주제가 집약되는 방식이 또한 일반적이다. 신혜경의 시에서 전반부와 후반부 사이에 화자가 대상을 끌어들이는 방식에 흔히 차이가 있는 것은 기실 이러한 고전에 닿아 있는 창작 기법이다.

4

서술의 방식과 함께 그 속에 나타난 작가의 태도도 눈여겨보아야 하는데, 작가는 보통 화자의 입을 통해 나타나며, 작품의 톤을 보여준다. 신혜경의 작품에서 화자는 모습을 숨기는 경우가 많으며, 대상과의 위치 설정에서도 흔히 경계선에 서 있다.

이미 앞의 〈바다의 말〉에서 보았듯이, 화자는 바다와 육지의 경계선에서 모습을 드러내기도 하고 숨기기도 한 채 두 가지 태도를 지녔다. 여기서는 후반부를 좀 더 눈여겨볼 필요가 있다. 전반부에서 화자에게 건널 수 없고 닿을 수 없던 바다는 후반부에서 "태양을 가슴으로 안고", "해후의 기쁨"으로 "다가오면서", "커다란 진주를 토하고", "힘찬 날갯짓"을 담아낸다. 그리고 그것이 사라지는 시기에도 "태양은 불새 되어 날개를 펴고", "운명을 훈장으로 달고", "우주의 비밀을 토하고" 있는 것이다. 여기서 화자는 그 웅장한 생성과 소멸의 경계선 밖에 있다. 그것은 화자가 "바다의 반원을 걸어서 다시 돌아오는" 사이에 생긴 일이다. 다시 말해 화자의 부재 상황에서 가능한 일이다.

여기서 화자는 남의 이야기를 하고 있다. 그냥 이야기만 전하는 채 대상들 사이에 끼어들 여지가 하나도 없다. 이 작품이 왜 시종일관 느슨한 서술로 일관하고 있는가에 대한 답도 이해할 수 있다. 작품 안의 화자를 작품 밖의 작가로 대치시키고 전반부와 대비시켜 보면, 작가의 무기력함과 고립 상태가 여실히 드러난다. 더 이상 작가는 신격에 가까운 선각자도 아니며, 용감하고 장렬한 지도

자도 아니다. 다만 최소한 세상을 관찰하고 그것을 전달해주는 일상인이다.

인용한 〈너에게 받은 욕망〉에서도 같은 설명을 할 수 있다. 이어지는 네 개의 연에서 화자는 처절할 정도로 수동적이며 고립무원일 뿐 아니라 오직 대상으로만 존재한다. 이른바 세계의 자아화라는 서정의 바탕이 통째로 사라져 버렸다. 창조자가 아니라 그 반대로 초라한 개인이다.

> 너무도 잔잔한 호수를 바라보며
> 너에겐 욕망도 없냐며 나무라면
> 그저 웃기만 했건만
> 항상 그들은 나의 작은 손에 무언가를 쥐어준다
>
> 때론 함께함으로 완전한 우정이다가
> 때론 길바닥에 앉아 학교도 오지 못하고
> 시장에 앉아 있어야 하는 친구의 가난이다가
> 때론 가슴앓이이다가
> 때론 사회적인 시대적 문제이다가
> 때론 성경책이다가
> 때론 욕정이다가
> 때론 배려이다가
>
> 이런 관계 속에선 언제나 내가 주체가 되는 것이 거북하다
> 너는 나에게 줌으로 행복을 느낀다

고요함을 깨뜨리고 욕망을 심어준다
삶의 화두처럼 한동안 고심 속을 헤매이고
그 답은 언제나 미완성이다

이런 관계 속의 너는 모두 친구이다
문제를 던졌다가 답을 던졌다가
어쨌거나 나에게 준 모든 것은 쉽게 말해 욕망의 그물이다

—〈너에게 받은 욕망〉 제3~6연

네 개 연 스무 개 행에서 화자는 오직 한 행 "그저 웃기만 했건만"에서만 살아 움직인다. 그것도 "그저", "했건만"이라는 끝까지 물러선 어휘와 함께. 그렇다면 이 작품에서 철저하게 드러나는 장치는 주체 소멸이다. 전편에서 상대만 가득하고 주체는 아무런 의지를 가지지 못한다. 그래서 욕망조차 없는 주체에게 갖가지 욕망을 쥐어준다. 이것이 넷째 연에서 지루하게 나열된 항목들이다. 우정, 친구의 가난, 가슴앓이, 사회적 시대적 문제, 성경책, 욕정, 배려 등이지만 그 어느 것도 온전한 것으로 남지 못하고 "-다가"로 스쳐 지나간다. 마침내 "내가 주체가 되는 것이 거북한" 상태임을 고백한다.

무한정의 욕구와 행동을 가진 상대와 철저하게 소멸된 주체의 대비, 여기서 우리는 작가의 처절한 자기 성찰을 발견한다. 성스러운 가치(성경)에서부터 지극히 내면적인 문제(가슴앓이)에 이르기까지 주체가 되지 못하는 화자를 통해 작가는 삶의 허무를 꿰뚫어

본다. 자기 소멸의 극단에서 비로소 발견할 수 있는 세계, 그것은 욕망의 그물이다. 그것도 타인이 던진 욕망의 그물. 이것은 작가의 자기 발견이자 동시대 작가들에 대한 경고이기도 하다. 타인이 수없이 손에 쥐어주었던 것이 욕망의 그물임을 알듯이, 갖가지 현란한 무늬의 명예를 탐하되 실은 독자에게 던지는 욕망의 그물일 수 있는 이 시대의 문학, 그리고 작가에 대한 경고이다.

한편 서정시에서 이토록 철저한 자기 소멸이란 어떤 전통에 그 끈을 댈 수 있을까? 그것은 몇몇 유형의 사설시조이다. 평시조가 지향한 완전한 구조와 이상적인 삶에 대하여 사정없이 의문을 던진 사설시조는 그것을 잘 보여준다. 다음과 같은 작품도 그 한 유형이다.

> 나무도 돌도 바이 없는 뫼에 매게 쫓긴 불까투리 안과
>
> 大川 바다 한가운데 一千石 실은 大中舡이 노도 잃고 닻도 잃고 돛대도 꺾고 용총도 끊고 키도 빠지고 바람 불어 물결 치고 안개 뒤섞어 잦아진 날에 갈 길은 千里萬里 남고 四面이 거머어둑 天地寂寞 까치 노을 떴는데 水賊 만난 都沙工의 안과
>
> 엊그제 임 여읜 안이야 엇다가 가을 하리오

사설시조이기 때문에, 공연장에서 불리는 역할이 있어서 다소 희화적이기는 하지만, 평시조의 세계를 바꾼 의의는 충분히 찾을 수 있다. 모두가 최고의 가치를 추구하고, 비록 미치지 못하더라도 더욱 발분할 바탕으로 삼곤 하는 평시조의 주체에 비해 이 작품은

더 이상 갈 곳 없이 보잘것없는 상태에 이름으로써 세상의 참모습을 발견한다는 것이다.

신혜경의 시에서 화자는 줄곧 추락하고 초라한 모습을 보인다. 이는 서정시의 특성상 작가의 자기 위치 설정이기도 하다. 고대적 예언가이자 영웅이던 시인이, 상업적 유통에 참여하고 사회적 계층에 자리잡음으로써 차지할 수 있는 현실적 위치를 강조한 것이다. 그리고 그 자리에서 세상을 바라보아야 진실에 접근할 수 있다는 자각이기도 하다. 동시에 이는 모양뿐인 화려한 관을 쓰고 시대착오적 난해시에 골몰한 동시대 작가들에게 대한 경고이기도 하다.

5

지금까지 살펴본 바를 요약해 보면 신혜경의 시는 서정성의 본령과 현대시인의 위상을 자각한 상태에서, 경계선에 서서 그 성찰과 절충을 모색하고 있다. 묘사와 서술의 중화, 서정적 상상과 현실적 상황의 절충, 시인의 고상한 정신과 사회인으로서의 일상적 삶에 대한 성찰 등이 그것이다. 그리고 이러한 지향이 고전시의 전통과 은밀하게 연결됨으로써 중량감을 가진다.

첨언하자면 너무 느슨한 서술과 설명, 일상적 삶에 대한 과도한 반복적 하소연 같은 표현이 원래의 의도를 살려주는 것인지 시적 긴장을 방해하는지는 늘 되물어 보아야 할 것이다.